NOTICE

SUR

SAINT LAMBERT

ET SAINT ROLAND,

Abbés de Chézery en Jura,

TIRÉE DE LA VIE DE SAINT PIERRE DE TARENTAISE, DES ANNALES DE L'ORDRE DE CITEAUX, DE DIFFÉRENTES HISTOIRES DE SAVOIE ET DE DIVERS DOCUMENS RECUEILLIS SUR LES LIEUX;

PAR M. DEPERY,

VICAIRE-GÉNÉRAL DU DIOCÈSE DE BELLEY.

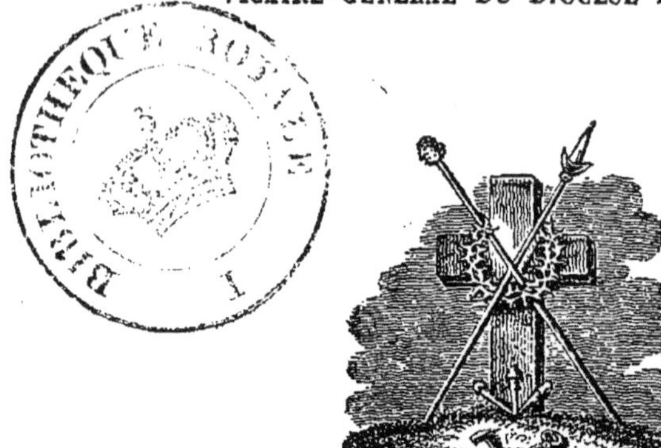

A BOURG,

DE L'IMPRIMERIE DE P.-F. BOTTIER, LIBRAIRE.

—

1834.

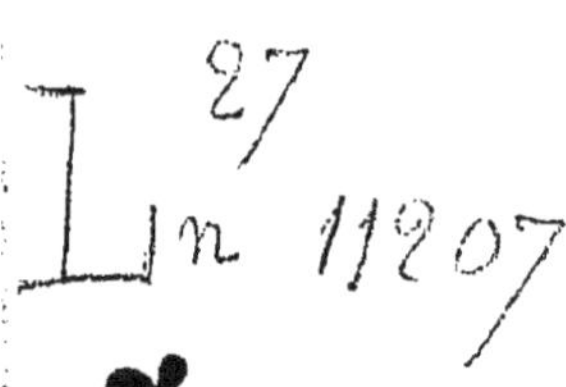

NOTICE

SUR

St LAMBERT ET St ROLAND,

ABBÉS DE CHÉZERY EN JURA.

En 1140, Guigues (1), quatrième du nom, dauphin de Vienne, et Amédée III, comte de Savoie et de Piémont, se faisaient la guerre.

En repassant les événemens de sa vie, Amédée se rappela qu'il avait fondé autrefois Hautecombe, pour mettre sous la protection du Très-Haut ses Etats et sa personne, 1125. et que depuis lors le bras du Tout-Puissant avait en effet soutenu son trône. Ce trône était sans héritier, Amédée en avait demandé un à Dieu en fondant l'abbaye de Saint-Sulpice en Bugey et en dotant d'autres monastères; il se 1133. souvint qu'après l'exécution de ses vœux, Humbert III vint au monde, et que Louis-le-Gros, roi de France, son 1136. beau-frère, fut frappé de mort au moment où il cherchait par anticipation à se saisir de la Savoie. C'est de ces souvenirs qu'Amédée prend conseil dans les circonstances où il se trouve; la confiance l'anime, il promet de fonder deux

---

(I) Selon Guichenon, *Histoire généalogique de la maison royale de Savoie*, tom. Ier, pag. 226, ce Guigues serait le septième du nom; selon Duchesne, *Histoire des comtes d'Albon et dauphins du Viennois*, pag. I0, ce serait Guigues III; mais nous nous en rapportons à une dissertation sur les Guigues, dauphins de Vienne, qui se trouve dans une *Histoire du Dauphiné* (2 vol. in-fol., par de Valbonais), tom. Ier, pag. 28I et 282. D'après des preuves bien administrées par cet auteur, il nous paraît que le dauphin qui eut guerre avec Amédée III est Guigues IV.

monastères si le Dieu des armées fait triompher ses droits.
Alors il attaque le dauphin, qui serrait de près la place de
Montmélian. Au premier choc l'armée assiégeante fut dé-
1140. faite, et Guigues, blessé mortellement, alla mourir non
loin de là au château de la Bussière.

Amédée reconnut devoir ces succès à la puissance d'en
Haut, et, pour accomplir son vœu, il bâtit cette même
1140. année la chartreuse d'Arvières en Valromey.

Ce n'était là que la moitié de sa promesse; il voulut
remplir la seconde.

Il existait dans ses Etats, au couchant du Jura, une
vallée dont l'écho n'avait jamais répété que les cris des
bêtes féroces ou le bruit effrayant des cascades de la profonde Valserine; mais l'œuvre de la religion est de donner
la vie à la création même, d'animer et d'embellir ce domaine de l'homme : elle inspira donc au prince de Savoie
d'appeler des religieux dans ce désert, connu sous le nom
de Chézery (1), pour le défricher et y établir un monastère.
Il fallait un autre Bruno pour vaincre tant de difficultés,
pour essayer de vivre au milieu de rochers escarpés,
de forêts impénétrables et couvertes de neiges une grande
partie de l'année. La Providence lui avait suscité l'homme
qui lui était nécessaire pour exécuter ce dessein; c'était
saint Lambert, frère de saint Pierre de Tarantaise.

SAINT
LAMBERT.
Saint Lambert était né au bourg de saint Maurice en
Dauphiné, de parens peu illustres selon le monde, mais
fort recommandables par leurs vertus. Son père le mit aux
études et destinait son frère Pierre à continuer son petit
commerce, et surtout à prendre soin d'un domaine qu'il
avait près de son village. Ne se sentant nul goût pour la vie

---

(1) De vieilles chartes appellent la vallée de Chézery : *Vallis
Cæsarea*. J'ai lu quelque part que ce nom lui fut donné à cause
d'un fort que César avait fait bâtir à l'entrée de cette gorge, peut-
être le fort de l'Ecluse.

champêtre, et encore moins pour le monde, Pierre fit si bien auprès de ses parens qu'ils l'envoyèrent aux études avec son frère Lambert. Doués l'un et l'autre d'un esprit pénétrant, ils firent de grands progrès ; mais plus jaloux encore de se perfectionner dans la piété que dans la science, ils se portaient mutuellement à la vertu. Les religieux de Bonnevaux, monastère à trois lieues de Saint-Maurice, fréquentaient la maison de leurs parens ; Jean, abbé de cette communauté, inspira à ces jeunes gens le goût de la vie cénobitique et les attira à Bonnevaux. Leur père et leur mère, qu'ils avaient laissés dans le monde, continuaient d'y donner l'exemple des plus rares vertus. Ils s'étaient engagés l'un et l'autre à passer le reste de leur vie dans la continence et à pratiquer de pénibles mortifications. Ils priaient beaucoup et faisaient d'abondantes aumônes. Leur maison était un asile toujours ouvert aux étrangers et aux pauvres. Enfin, peu de temps après l'entrée de leurs enfans en religion, ce père vénérable (1), suivi de son troisième fils nommé André, vint prendre l'habit monastique à Bonnevaux ; la mère et une de ses filles entrèrent chez les Cisterciennes, qui avaient une maison dans le voisinage.

Cependant Amédée III venait de fonder l'abbaye de Tamié en Savoie, et Pierre, qui brillait par sa science et par son éminente piété, fut demandé pour être le premier abbé de ce nouveau monastère. Les religieux de Tamié, dit l'auteur de sa vie, devinrent sous un tel guide comme autant d'anges terrestres. Lambert, qui l'y avait accompagné, fut l'émule de son frère dans la voie difficile de la sainteté, comme celui-ci avait été le sien dans la carrière riante des lettres humaines, et l'on peut dire qu'au monastère comme aux écoles, ils marchèrent d'un pas toujours égal. On ne vit jamais un religieux plus exact

---

(I) Il est vénéré comme bienheureux dans l'ordre des Cisterciens; leur Martyrologe en fait mention au 7 mars.

que Lambert, plus scrupuleux observateur de la règle ; il
ne mettait point de bornes à ses oraisons ni à ses austérités,
et les plus fervens le regardaient comme leur modèle.
Amédée III, connaissant le mérite de cet homme de Dieu,
pensa que nul mieux que lui ne pourrait exécuter le projet
qu'il avait formé de bâtir une maison religieuse dans la
vallée de Chézery, et surtout que personne n'était plus
propre que lui à la bien gouverner.

Lambert eut beau employer les prières et les larmes
pour se soustraire au choix du prince de Savoie, ce choix
fut confirmé par ses supérieurs, et il fallut subir la charge.
1140. Il partit donc pour sa nouvelle destination, et l'on peut
s'imaginer tout ce qu'il eut à souffrir pendant qu'on bâtis-
sait le nouveau monastère (1), dans une gorge de montagnes, sans habitation alors, où il ne trouvait à satisfaire
que son goût pour la pénitence et la mortification ; mais
Dieu ne tarda pas à récompenser la confiance qu'il avait
mise dans la Providence, car sa réputation de sainteté
lui attira bientôt du secours : des religieux qui vivaient à
Genissiat, sur les bords du Rhône, près de Seyssel, se
réunirent à lui et apportèrent de quoi adoucir les nécessités
qui se faisaient sentir dans cette communauté naissante.
Rien n'était plus édifiant que la vie de ces fervens solitaires : tout le temps qui n'était pas donné à la prière était
employé à labourer la terre, à défricher les forêts que le
prince leur avait concédées ; une partie de la nuit, loin
d'être consacrée au repos, se passait à l'église ; leur nourriture était grossière, et encore ne mangeaient-ils qu'une
fois le jour ; enfin ils ne semblaient avoir de corps que
pour le macérer par la pénitence. Lambert était leur guide
et leur modèle, et s'il l'emportait sur les autres par sa

---

(1) La première pierre fut posée le 29 août 1140 et l'église fut
consacrée le 1er de juin 1142 ; cette consécration est marquée ce
jour-là dans le Martyrologe de l'ordre des Cisterciens.

science et par sa dignité, il les surpassait aussi par la
ferveur de sa charité, par son amour pour la pénitence et
par son humilité.

Sous la main laborieuse de ces saints religieux, le désert
de Chézery prit un aspect tout nouveau : une église, un
cloître, des moines qui prient Dieu et qui défrichent la
terre, des prairies, des champs couverts de moissons,
une vallée arrachée aux bêtes sauvages, une population
d'hommes qui les remplace ; voilà l'œuvre de la religion
en peu de temps. Comme tout cela contraste avec les
batailles, avec la politique, avec les intrigues, avec les
révolutions ! Néanmoins, combien d'hommes dans le monde
qui blâment les moines ! C'est que les hommes ainsi faits
sont trop impatiens du présent et trop préoccupés de
l'avenir, pour jeter un regard en arrière sur les siècles
passés, pour voir tout ce que les religieux ont fait de beau,
de grand dans les sciences, dans l'agriculture et dans les
arts.

Le temps où Lambert devait aller au ciel recevoir la
récompense de tant de travaux était arrivé ; Dieu le visita
par une maladie, pendant laquelle on vit briller encore
d'un plus vif éclat les vertus qu'il avait puisées au pied de
la croix. Enfin ce saint, embrâsé d'un amour ardent pour
J. C. et d'une tendresse extrême pour la sainte Vierge, à
laquelle il avait dédié son monastère en le fondant, rendit
son âme à Dieu le 22 août 1157, jour auquel il est porté 1157.
dans le Martyrologe de l'Eglise gallicane et dans celui de
l'ordre des Cisterciens.

La réputation du saint fondateur de Chézery, fortifiée
encore par celle de son frère, devenu évêque de Tarantaise,
se répandit au loin et soutint même, après sa mort, l'éclat
que ses vertus avaient donné à ce monastère ; car c'est à
la protection de ce nouveau Paul que le désert de Chézery
dut l'arrivée d'un nouvel Antoine. Peu d'années après la
mort de saint Lambert, on vit briller à sa place saint

 Roland dont les vertus ont perpétué le culte jusqu'à nos jours dans les montagnes du Jura, à travers les guerres, les révolutions et les ravages commis par les protestans et par les impies du 18ᵉ siècle.

Les saints d'une illustre naissance ont tous été soigneux, par humilité, de cacher leur origine : aussi ne connaît-on pas précisément celle de saint Roland. D'après la tradition bien établie dans la vallée de Chézery, Roland était un prince anglais qui s'enfuit de sa patrie pour se dérober aux honneurs et se donner tout à Dieu dans la retraite ; il ne pouvait en choisir une plus propre que celle de Chézery pour se soustraire aux recherches de sa famille. On ignore par quelle voie la Providence le fit arriver dans ce désert.

1161. A l'époque du schisme d'Octavien, beaucoup d'Anglais venaient en France visiter le pape Alexandre III qui s'y était réfugié ; Roland a pu être du nombre et, dans ce cas, il aurait eu occasion de faire connaissance avec saint Pierre de Tarantaise, qui joua un si grand rôle à cette époque; il aurait pu s'ouvrir à lui et lui faire connaître le dessein qu'il avait formé d'embrasser l'état monastique, et ce saint évêque, dans ce cas peut-être, lui aurait indiqué Chézery comme l'endroit le plus sûr pour ensevelir son nom et sa personne ; la même chose aurait pu arriver, peu d'années après, quand saint Pierre fut envoyé à la cour du vers roi d'Angleterre pour les intérêts du comte de Savoie et du 1166. comte de Toulouse qu'il avait réconciliés ensemble.

Mais que nous importe de connaître au juste l'origine de saint Roland, et par quelle heureuse circonstance il vint à Chézery? Les saints solitaires, à proprement parler n'ont point de patrie, puisqu'ils ont quitté leur terre natale, leur famille, pour venir en chercher une nouvelle dans des déserts inconnus, et de quelque coin du monde que soit venu cet homme de Dieu, n'est-il pas notre compatriote, un de nos pères dans la foi, puisqu'il a vécu parmi nos ancêtres, auxquels il a distribué des paroles de vie qui nous ont été transmises, puisque nous recueillons l'héritage de ses exemples et de ses vertus, que nous possédons ses précieuses reliques, et qu'il nous regarde et nous protége du haut du Ciel comme ses enfans?

Quoi qu'il en soit donc de la naissance de saint Roland, qu'il eut soin de cacher parce qu'elle était illustre, nous allons rapporter pour l'édification des fidèles, ce que nous avons pu recueillir sur sa vie, sur sa mort et touchant les miracles qu'il a plu à Dieu d'opérer par son intercession. Notre regret est de ne pouvoir pas raconter au long tant de merveilles. Ange Manrique, dans les *Annales des Cisterciens* (4 vol. in-fol. 1642), déplore la perte d'une vie manuscrite du saint abbé de Chézery qui avait été composée par un moine savant et pieux de ce monastère. Il attribue la perte de ce monument à l'injure du temps et à l'insouciance des religieux ; mais cet auteur espagnol qui écrivait au milieu du 17e siècle, ignorait peut-être que tous les livres, titres, manuscrits de cette maison, furent détruits par les Bernois lorsqu'ils s'emparèrent du pays de Gex en 1535 comme nous le dirons plus bas. C'est au vandalisme des protestans qu'il faut reprocher l'anéantissement de ce manuscrit précieux dans lequel nous aurions trouvé, selon le sentiment de Manrique, de quoi illustrer ces Annales. Mais voilà, que comme cet écrivain, privé d'une abondante moisson où nous n'aurions eu à choisir que les plus beaux épis, nous sommes réduits à glaner dans un champ désolé quelques menues plantes échappées çà et là à la faux dévastatrice.

On sait que le désir de quitter le monde pour mener une vie plus parfaite loin de ses parens et dans la solitude, fit prendre à saint Roland la résolution d'aller se faire religieux dans le monastère de Chézery qui était alors du diocèse de Genève. Lorsqu'il y arriva, cette maison était déjà peuplée d'un bon nombre de religieux qui y vivaient dans une exacte et édifiante régularité, mais quelque sainte que fut cette communauté, la vertu de notre saint y brilla avec un éclat qui surprit les plus anciens. Son humilité, son recueillement et son goût pour les mortifications étonnèrent d'autant plus qu'il venait seulement de quitter les dissipations et les douceurs du monde qui lui prodiguait ses faveurs pour se l'attacher, mais on peut dire qu'il avait oublié le monde en le quittant et qu'il ne souhaitait rien tant que d'en être oublié. On ne vit peut-être jamais religieux plus mort à sa propre volonté, plus ennemi de ses sens et de son amour-propre. Son obéissance était si parfaite qu'elle eût fait seule le fond de son caractère, s'il n'eût moins excellé dans les autres vertus. Avec de telles dispositions Roland fit de rapides progrès dans la sainteté. Le plaisir pur et parfait qu'il goûtait avec Dieu dans la prière, le détournait si fort de tout autre conversation, qu'il semblait que son âme jouissait déjà par anticipation de la souveraine béatitude dans de douces contemplations. Enfin sa vie entière était celle des anachorètes les plus parfaits dans le désert.

Cependant quelqu'humble, quelque retiré que fût ce saint religieux, les merveilles que Dieu opérait par ses mains sur des malades, et ses lumières qui jetaient une vive clarté, lui attirèrent les regards et la confiance des peuples qui venaient de loin pour avoir ses avis sur des points de spiritualité et pour se recommander à ses prières. Chacun, après avoir été témoin de sa modestie, de sa piété et de toute sa conduite, s'en retournait avec une opinion plus grande encore de sa sainteté.

1170. Vers la fin de l'année 1170, Etienne, second abbé de Chézery, successeur de saint Lambert, mourut ; les religieux ne délibérèrent pas un moment pour se nommer un chef ; Roland fut choisi par les suffrages de toute la communauté. Il mit tout en œuvre pour décliner cette dignité, mais n'ayant pu se défendre de l'accepter, il ne songea plus qu'aux moyens de remplir toutes les obligations qu'on venait de lui imposer. Persuadé qu'un supérieur n'est à la tête d'une communauté que pour être le modèle de ses religieux, en leur servant de guide, il ne prescrivait rien qu'il ne pratiquât le premier. Il ne leur montrait point la voie étroite par laquelle un chrétien, un religieux, doivent aller au ciel, mais il y marchait à leur tête pour les encourager et pour aplanir les difficultés. Plus père que supérieur, il réservait pour lui ce qu'il y avait de plus pénible, et, sévère à lui-même, il était doux et affable pour les autres.

A tous ces exemples, Roland joignait des exhortations éloquentes et persuasives qui produisirent des fruits si abondans qu'il eut la consolation de voir dans le désert de Chézery ces grands exemples de pénitence, de régularité et de ferveur qu'on avait cru jusqu'alors n'être jamais sortis des déserts de la Palestine et dont les laures cependant semblaient avoir été transportées dans notre patrie : Beaumont au pays de Gex, Pierre-Châtel, Portes, Arvières, Meyriat, Saint-Sulpice, Ambronay, Nantua en Bugey, reflétaient au loin l'auréole des saints qui les habitaient, car c'était l'époque des Anthelme, des Arthaud, des Vital, des Ponce, des Etienne de Châtillon, des Bernard de Varens, des Ayrald, des Raynaud, des Nantelle, des Jancelin, des Bernard de Portes, des Jean d'Abondance et de tant d'autres dont les noms sont écrits dans le livre de vie.

Le saint abbé de Chézery, à l'exemple de saint Lambert qu'il avait pris pour modèle, se distingua surtout par sa tendre dévotion envers la sainte Vierge. Il voulait que son culte fût en grand honneur dans son monastère et parmi les personnes attachées au service de l'Abbaye. Ce fut lui qui fonda la chapelle de *Notre-Dame des sept Douleurs*, dans le village de Confort, où les moines de Chézery possédaient de grandes propriétés.

Cette dédicace fut agréée par la mère de Dieu qui se plut à faire éprouver les effets de sa puissance aux personnes qui venaient l'implorer dans cet humble oratoire, où l'on vit depuis lors affluer un grand concours de fidèles à l'approche des fêtes de la sainte Vierge (1).

Enfin depuis trente ans, saint Roland travaillait sans relâche au salut des autres et à sa propre sanctification qui semblait être consommée quand Dieu l'appela à lui pour l'en récompenser.

vers 1200.

Les religieux de Chézery et les habitans des provinces voisines furent dans la désolation pour la perte qu'ils venaient de faire ; mais Dieu ne tarda pas à les consoler en leur montrant que ce saint par sa mort, n'avait fait que devenir leur appui et leur protecteur dans le ciel. Ceux qui l'invoquèrent dans leurs besoins furent exaucés, et des miracles nombreux eurent bientôt illustré son tombeau. On y accourait de toutes parts en pélérinage, en procession, surtout à l'époque de sa fête. Son corps fut levé de terre

---

(I) La révolution n'a pas entièrement détruit ce pieux pélérinage, et l'on voit encore beaucoup de personnes venir de loin se recommander à Notre-Dame de Confort. Pour récompenser cette foi, le souverain pontife Léon XII, sur la demande de Mgr. l'évêque de Belley, a, par un bref du 22 novembre 1828, accordé à perpétuité une indulgence plénière aux personnes qui, après s'être confessées et avoir communié, visiteront la chapelle de Confort l'une des fêtes de la Conception, de la Nativité, de l'Annonciation, de l'Assomption, ou l'un des jours de l'octave de ces fêtes et y prieront pendant l'espace de quelques minutes selon les intentions du Pape.

Le saint Père, par le même bref, accorde encore une indulgence de 40 jours aux personnes qui assisteront le samedi à la messe dans cette chapelle. Ces diverses indulgences peuvent être appliquées aux âmes du purgatoire en forme de suffrages.

La chapelle de Confort vient d'être réparée en grande partie par la sœur Rosalie, supérieure des sœurs de la charité chargées du soin des pauvres de la paroisse de Saint Médard, à Paris. Le village de Confort se glorifiera toujours d'avoir donné naissance à cette digne fille de saint Vincent de Paul qu'elle imite par sa vertu et par sa tendre sollicitude pour les malheureux.

et renfermé dans une châsse enrichie d'ornemens divers
en argent, et placé sur un autel dans l'église de l'abbaye
qui le prit pour son premier patron, mais cette église,
ainsi que l'église paroissiale, demeurèrent sous le vocable
de N. D. *dans son assomption*, à laquelle saint Lambert
avait dédié son établissement; voilà pourquoi toutes les
vieilles chartes qui parlent de ce monastère, disent :
l'abbaye de N. D. et de saint Roland de Chézery. Des
historiens dignes de foi cités par Manrique dans les *Annales des Cisterciens*, mais surtout Philippe Seguin, prieur
de Châlis, écrivain de l'ordre de Citeaux, assurent que de
temps immémorial la fête de saint Roland se célébrait avec
pompe par un office propre, et que différens Papes y atta-
chèrent des indulgences. Jean-Chrysostôme Henriquez,
religieux de l'ordre de Cîteaux, dans son *Ménologe*, et
Jean *Molanus*, légendaire flamand, dans son *Martyrologe*
qui est une réimpression de celui d'Usuard, font mention
de saint Roland sans indiquer le jour de sa fête. Le Martyrologe de l'ordre des Cisterciens et celui de l'Eglise gallicane la placent au 16 du mois de janvier, mais toujours
les habitans de la vallée de Chézery et des montagnes du
Jura, l'ont chômée le 14 juillet avec une grande dévotion.

Ce culte n'avait fait que s'accroître depuis trois siècles
et demi, quand la contrée qu'il illustrait fut témoin de
grands désastres. Alors, comme de nos jours, le génie des
révolutions soufflait ses fureurs, le mouvement était ra-
pide; les temps des factions vinrent, et l'étendard de l'hérésie de Calvin, amena dans les environs de Genève la
profanation des églises et des monastères. Les partis s'é- 1535.
chauffèrent et de nombreuses victimes tombèrent entre les
deux camps rivaux. Enfin, après bien des prises et reprises
toutes marquées par le sang et le pillage, les Bernois et les
Genevois demeurèrent en possession du pays de Gex con-
quis sur le prince de Savoie à qui il appartenait alors, y
abolirent la religion catholique, y établirent la prétendue

réforme de Calvin par le glaive et la violence, et placèrent leur ours sur toutes les portes restées debout pour marquer qu'ils étaient maîtres des propriétés qu'ils venaient d'arracher à leurs légitimes et paisibles possesseurs. L'évêque de Genève fut proscrit, ses biens et ceux de son chapitre furent vendus. C'est depuis lors que les évêques de Genève résident à Annecy (1). L'abbaye de Chézery ne fut pas épargnée, les titres furent dissipés et brûlés; les religieux, obligés de fuir devant l'incendie qui détruisit leur monastère, emportèrent avec eux ce qu'ils avaient de plus précieux, le corps de saint Roland, qu'ils sauvèrent ainsi d'une destruction certaine, nous disons certaine, puisque l'histoire nous apprend que les huguenots se sont attachés, pendant les guerres qu'ils suscitèrent à cette époque aux catholiques, à faire disparaître les reliques des saints dans tous les endroits qui tombèrent en leur pouvoir. Quelques-uns des revenus de cet antique monastère, ainsi que tous les autres biens d'église du pays de Gex, furent mis à l'encan par les trop avides vainqueurs. L'abbaye de Chézery perdit peu de ses possessions, parce qu'elles étaient en grande partie hors de la ligne des conquêtes faites par les protestans (2) et que le prince de Savoie protégea cette

---

(I) Les évêques d'Annecy ainsi dépouillés étaient si pauvres, que leur sort toucha le roi de France; c'est pour subvenir à leurs besoins et pour se reconnaître des soins qu'ils donnaient au pays de Gex, que Louis XV joignit l'abbaye de Chézery à la mense épiscopale d'Annecy. M. de Chaumont fut le premier qui jouit de ce bénéfice; il en prit possession le 18 mai 1763. Cette abbaye donnait aux évêques d'Annecy un revenu de deux mille francs.

(2) Les Bernois ne poussèrent pas leurs conquêtes au delà du mont Jura; ils y firent cependant des excursions marquées par des pillages et des incendies. Il faut dire, à la louange des habitans de la vallée de Chézery, qu'ils furent fermes dans leur foi et repoussèrent les doctrines protestantes; on dit même qu'ils firent placer sur la montagne des poteaux sur lesquels était écrit en

vallée ; mais elle eut beaucoup à souffrir de temps en temps pendant les guerres dont le pays de Gex fut le théâtre continuel depuis 1556 jusqu'au traité de Lyon de 1601 , par lequel cette malheureuse province , ainsi que la Bresse et le Bugey, furent cédés à la France contre le marquisat de Saluces. Un article de ce traité avait réservé la vallée de Chézery au prince de Savoie (1), qui s'empressa de réparer les maux que l'abbaye avait endurés, et le culte de saint Roland qui n'avait été que comprimé pendant ces momens de troubles et de malheurs, se réveilla avec une nouvelle vigueur. Si cette vallée ne fut pas couverte de ruines comme le pays de Gex, si l'hérésie n'y planta pas son drapeau de sang, on l'attribua à la protection de l'ange tutélaire du Jura, et l'on voit saint François de Sales venir à Chézery le 25 octobre 1605 pour faire la visite des reliques de saint Roland, le remercier de ce bienfait et l'invoquer pour la conversion des paroisses perverties.

Plus de deux siècles s'étaient écoulés depuis le traité de 1601 pendant lesquels la dévotion à saint Roland avait continué d'attirer la foule à Chézery. Cette confiance que les événemens malheureux rapportés plus haut n'avaient fait qu'augmenter, était due aux faveurs extraordinaires que les fidèles obtenaient chaque jour par son intercession. Cependant les successeurs des Lambert et des Roland n'a-vaient pas conservé dans son intégrité cet héritage de piété

---

grosses lettres le mot *Credo* , pour marquer la limite de l'hérésie et de la croyance romaine , et que c'est de là que cette partie du mont Jura a conservé le nom de *Credo*. Nous croyons pourtant que ce nom est beaucoup plus ancien et qu'il vient de *Crêt-haut* , qui veut dire en langue vulgaire : *Montagne-haute.*

(I) La vallée de Chézery, les villages de Lancrans, de Léaz et le pont de Gresin, furent cédés à la France par le traité de Turin du 24 mars 1760.

que ces deux Saints avaient légué à leurs enfans ; mais voici qu'une catastrophe tout aussi destructive que la première va faire disparaître en France les antiques et respectables monumens de piété élevés par la religion. Une philosophie athée a préparé ces événemens qui éclatent prompts et terribles comme la foudre. Tout ce qui tient au culte du vrai Dieu, prêtres, églises, abbayes, presbytères, tout est enveloppé dans les laves brûlantes de cet épouvantable volcan.

> Hélas ! nous l'avons vu ! combien de basiliques,
> De chefs-d'œuvre de l'art, aux ornemens magiques,
>   Tous peuplés de noms éclatans,
> Vénérables témoins de nos gloires antiques,
> S'élevaient, respectés par la guerre et le temps.
> . . . .
> Tous ces vieux monumens de gloire héréditaire
> Je les ai vus rasés au niveau de la terre :
> Je leur ai dit adieu, pour ne plus les revoir.
> Devant leurs souvenirs, notre âge est mal à l'aise ;
> Et comme il a vendu ces débris glorieux,
> Il vendrait, lui chétif, à qui leur grandeur pèse
>   L'âme et le nom de nos aïeux.

MURET.

En effet l'abbaye de Chézery et les biens qui en dépendaient furent vendus au profit de l'Etat ; les papiers des archives, les meubles de l'église furent publiquement 1793. brûlés. Dieu ne permit pas cependant que ces nouveaux Vandales exerçassent leur œuvre de destruction sur les reliques de saint Roland ; sa châsse fut enlevée ; elle était garnie d'argent.... Mais le prêtre nommé Durié, curé intrus de Chézery, quoique peu fidèle à ses devoirs puisqu'il les avait abjurés avec serment, poussé par une main protectrice, et entraîné par un reste de foi, s'empara des reliques du saint abbé, les transporta processionnellement du monastère dans l'église paroissiale, le 14 juillet 1793 ; telle était la foule qui prit part à cette cérémonie que les agens révolutionnaires n'osèrent pas même en murmurer. Peu après, M. Durié ayant passé dans la paroisse des Moussières, près de Chézery, et craignant que pendant son absence la relique ne fût enlevée, il la prit avec lui, et lorsqu'il quitta ces montagnes par ordre de ses supérieurs, il la rapporta à Chézery et la cacha, en présence de témoins, sous l'autel de saint Joseph dans l'église paroissiale. Des ouvriers envoyés par le gouvernement vinrent y faire des fouilles pour extraire du salpêtre, matière première de la poudre, dont on faisait alors grande consommation. Des fidèles chrétiens, à leur arrivée, connaissant le dépôt, enlevèrent nuitamment la caisse de bois qui contenait les ossemens de saint Roland et la mirent en un lieu secret de l'ancienne abbaye qui avait passé en des mains séculières, mais point avides de destruction. Quand le calme fut rendu à l'église, Mgr. l'archevêque de Chambéry, sous la juridiction duquel venait de passer le pays de Gex par le concordat de 1802, qui supprimait le diocèse d'Annecy, envoya des missionnaires dans la vallée de Chézery et dans tous les environs. M. Gervais et M. Rochex, deux apôtres vénérables, s'empressèrent de vérifier l'authenticité des reliques qu'on mit à leur disposition ; plusieurs témoins furent appelés et tous affirmèrent que c'étaient le même chef et les mêmes ossemens qu'ils avaient vus exposés à la vénération des fidèles dans l'église du monastère avant 1793. Dès lors ce précieux trésor fut déposé dans l'église paroissiale où il est aujourd'hui. La fête de saint Roland reprit sa solennité le 14 juillet, et Dieu se plut à opérer plusieurs guérisons miraculeuses pour justifier et pour accréditer la continuation de son culte. Ce Saint est invoqué surtout dans les temps de sécheresse ; des paroisses venaient autrefois de très-loin en procession auprès de son tombeau pour demander la conservation des fruits de la terre ; on le prie encore aujourd'hui pour obtenir la guérison des maux d'yeux, des douleurs à l'estomac et à la tête. Des faits anciens dont la connaissance est parvenue jusqu'à nous, et des faits tout récens attestés par des témoins dignes de foi prouvent que plusieurs personnes ont été guéries en priant auprès des reliques du Saint, en faisant des neuvaines en son honneur ; que d'autres ont obtenu la même faveur en se lavant avec les eaux d'une fontaine qui est à vingt minutes au levant de l'ancienne abbaye, appelée : *Fontaine bénite* ou *Fontaine de saint Roland*, au-dessus de laquelle se trouve une chapelle qui porte aussi son nom. La tradition a conservé le souvenir de tant de guérisons opérées par les eaux de cette fontaine, qu'il faut respecter la simplicité de la foi des habitans de cette vallée qui ne passent jamais devant sans y tremper la main et sans faire le signe de la croix. Que l'impie ne sourie pas de dédain ! il y a dans cette pieuse habitude un témoignage de reconnaissance que les cœurs honnêtes apprécient avec émotion.

Le souverain pontife Grégoire XVI, instruit de tout ce que nous venons de rapporter touchant le culte de saint Roland, et voulant faire revivre les faveurs spirituelles accordées anciennement par ses prédécesseurs aux fidèles qui allaient l'invoquer dans l'église où reposait son corps , par un bref du 14 février 1834, a daigné accorder à perpétuité 1° une indulgence plénière à toutes les personnes qui communieront avec les dispositions requises dans l'église de Chézery, le 14 juillet ou l'un des sept jours suivans ; 2° une autre indulgence de 50 jours que tous les fidèles pourront gagner tous les jours une fois en allant réciter cinq *Pater*, cinq *Ave* et cinq *Gloria* dans ladite église où sont les reliques du saint Abbé.

Pour rendre à ces dépouilles vénérables leur ancienne splendeur, Mgr. Devie, évêque de Belley, a résolu de faire pour le corps de saint Roland ce qu'il a déjà fait pour ceux de saint Anthelme, de saint Arthaud, de saint Rambert et de saint Vulbas que possède notre diocèse ; déjà il a fait re-

connaître l'authenticité de cette relique par des enquêtes,
et déjà par ses ordres MM. Delacroix et Depery, deux de
ses grands vicaires, se sont transportés sur les lieux, ont
constaté l'état du dépôt sacré et ont placé les restes mor- 2 avril
tels du saint Abbé dans une châsse soigneusement décorée, 1334.
dont sa Grandeur a fait présent à la paroisse de Chézery (1),
et le 28 mai 1834 le Prélat ira faire la translation solennelle de ces reliques dans l'église paroissiale et les placera
sur l'autel comme elles étaient autrefois.

Ainsi la mémoire de saint Roland et de ses bienfaits revi-
vra toute pleine de souvenirs, malgré les deux révolutions
qui s'étaient mises à l'œuvre avec une rage infernale au
seizième et au dix-huitième siècle, pour détruire jusqu'au
moindre signe de catholicité, et dont la dernière n'a laissé
que des ruines où la religion avait élevé tant de belles
églises, d'imposantes abbayes. Voyez donc le malheur de
nos temps ! plus nous aurions besoin de retraite, plus
l'impiété a pris soin de détruire ces asiles que la piété te-
nait ouverts autrefois à ceux qui se désenchantaient de la
gloire, des voluptés et des révolutions. O philosophie ! que
je crains que vous sachiez trop peu de choses de l'huma-
manité ! L'humanité a besoin de paix et de solitude ; il
arrive à tout homme qui a quelque temps vécu, de se sentir
épris de l'amour du silence. Vous avez ôté le silence à
l'homme, vous l'avez condamné au bruit, à l'agitation de
la politique, à la gloire et à ses mécomptes : philosophie
vaine et cruelle ! quand l'homme ne penserait pas au ciel,
il aurait besoin encore de se recueillir avant de toucher à
la mort, et vous le jetez à ses derniers jours tout haletant et
tout troublé sans qu'il ait pu se reposer quelques momens
dans la vie. Quiconque, aujourd'hui, a vu assez les agita-
tions du siècle, la fureur des partis, s'estimerait heureux
d'avoir quelques jours à passer à l'ombre d'un vieux clo-

____

(1) Voyez ci-après les pièces justificatives.

cher d'abbaye où la cloche sonne des heures toujours égales pour une vie toujours calme. Ecoutons Château-briand qui termine ainsi le chapitre de son *Génie du Christianisme* qu'il a consacré à la louange de la vie religieuse : « C'est une philosophie bien barbare et une politi-
» que bien cruelle, que celles-là qui veulent obliger l'infor-
» tuné à vivre au milieu du monde. Des hommes ont été
» assez peu délicats, pour mettre en commun leurs voluptés ;
» mais l'adversité a un plus noble égoïsme : elle se cache
» toujours pour jouir de ses plaisirs, qui sont ses larmes.
» S'il est des lieux pour la santé du corps, ah ! permettez à
» la religion d'en avoir pour la santé de l'âme ; elle qui est
» bien plus sujette aux maladies, et dont les infirmités sont
» bien plus douloureuses, bien plus longues, bien plus dif-
» ficiles à guérir.

» Des gens se sont avisés de vouloir qu'on élevât des re-
» traites nationales pour ceux *qui pleurent.* Certes, ces
» philosophes sont profonds dans la connaissance de la
» nature, et les choses du cœur humain leur ont été révé-
» lées ! c'est-à-dire qu'ils veulent confier le malheur à la
» pitié des hommes, et mettre le chagrin sous la protection
» de ceux qui les causent. Il faut une charité plus magni-
» fique que la nôtre pour soulager l'indigence d'une âme
» infortunée ; Dieu seul est assez riche pour lui faire l'au-
» mône.

» On a prétendu rendre un grand service aux religieux
» et aux religieuses, en les forçant de quitter leur retraite :
» qu'en est-il advenu ? les femmes qui ont pu trouver un
» asile dans les monastères étrangers, s'y sont réfugiées
» avec joie ; d'autres se sont réunies pour former entr'elles
» des monastères au milieu du monde ; plusieurs, enfin,
» sont mortes de chagrin, et ces trappistes si à plaindre, au
» lieu de profiter des charmes de la liberté et de la vie,
» ont été continuer leurs macérations dans les bruyères
» de l'Angleterre, et dans les déserts de la Russie. Il ne

»faut pas croire que nous soyons tous également nés pour
»porter le hoyau ou le mousquet, et qu'il n'y ait point
»d'homme d'une délicatesse particulière, qui soit formé
»pour le labeur de la pensée, comme un autre pour le tra-
»vail des mains. N'en doutons point, nous avons au fond
»du cœur mille raisons de solitude : quelques-uns y sont
»entraînés par une pensée tournée à la contemplation ;
»d'autres par une certaine pudeur craintive, qui fait qu'ils
»aiment à habiter en eux-mêmes ; enfin il est des âmes
»trop excellentes qui cherchent en vain dans la nature les
»autres âmes auxquelles elles sont faites pour s'unir, et
»qui semblent condamnées à une sorte de virginité morale
»ou de veuvage éternel. C'était surtout pour ces âmes so-
»litaires que la religion avait élevé ses retraites, et pré-
»senté à leur amour immense, un Dieu immense pour leur
»amour. »

Nous ne sommes pas faits pour être tous moines, il est
vrai, mais les goûts pour la retraite répondent de même à
tous les cœurs qui ont éprouvé quelques chimères de
l'humanité, et d'ailleurs l'exemple de saint Roland doit-il
être stérile pour nous ? une naissance illustre, de grands
biens, des qualités brillantes de l'esprit et du corps lui ou-
vraient une florissante carrière, le monde lui offrait à plei-
nes mains tout ce qu'il avait de plus flatteur, de plus ten-
tant, de plus exquis dans les douceurs de la vie ; Roland
est insensible à ces attraits. La vue du ciel ne lui inspire
que du dégoût pour ces biens vides et passagers ; et sans
écouter la voix de la chair et du sang, il va s'ensevelir
avec tous ses talens dans une profonde retraite. Le monde
ne trouve rien de sage dans cette conduite, parce que le
monde n'a que des vues terrestres, parce qu'il ne com-
prend pas ce qu'il y a de grand aux yeux de Dieu, de se
débarrasser des soins d'ici bas pour le servir dans le silence
et le recueillement. Nous le disons, ce dépouillement de
nos biens n'est pas un précepte : tous ne sont pas appelés à

la perfection évangélique, mais nul n'est dispensé d'en être au moins détaché de cœur, et nul surtout n'est dispensé d'imiter saint Lambert et saint Roland par un véritable zèle pour son salut, en menant chacun dans son état une vie véritablement chrétienne.

Nous terminerons cette Notice par quelques mots sur un monument apocryphe établi, il y a peu d'années, près de Chézery, monument capable d'induire en erreur la postérité. Voici le fait que nous signalons et dont nous affirmons l'authenticité pour en avoir été témoin oculaire.

Il existe, sous le nom de *Chapelle à Roland*, une grotte au sommet de la montagne du Jura, tout près du chemin étroit de *Languelieret* qui sert de communication entre la vallée de Chézery et le pays de Gex ; on y parvient par un sentier escarpé, au bord duquel est un précipice effrayant. Cette grotte a son ouverture du côté du couchant et regarde Chézery ; une tradition vague et incertaine dit qu'elle a été fréquentée par saint Roland, qui s'y retirait pour prier et pour se livrer au jeûne et à la pénitence. En 1810, un nommé Jean-Louis Nouvelle, forgeron à Massonnex, commune de Thoiry, fermier pour lors du Châlet qui est tout près de cette caverne, au-dessus du village de Fenières, voulut établir un monument dont l'effet pouvait affaiblir le culte de saint Roland. Doué d'une imagination inventive, il se transporta à la grotte, et, aidé de deux tailleurs de pierre, il en agrandit l'ouverture. Il sculpta grotesquement une femme agenouillée ; il creusa en forme de bénitier un petit bassin dans lequel tombe un mince filet d'eau qui sort des parois du rocher ; une énorme pierre détachée de la voûte est façonnée en pierre tumulaire, sur laquelle fut gravée cette épitaphe qui sent l'ignorance, l'enclume et le marteau :

Ci gît Marie du Jura,
Qui vécut trente ans
Sous ce rempart,

Nature fit son monument.
Vous tous, amodieurs,
Présens et pour la vie,
Adorez le Seigneur
Et priez sainte Marie.

L'auteur disait, dans le temps, que les habitans des montagnes du Jura viendraient un jour en pélerinage à cette chapelle, comme ils vont au tombeau de saint Roland. C'est ainsi que toujours l'esprit de ténèbres a cherché à obscurcir les faits les plus authentiques en faveur de la religion, en leur assimilant des faits mensongers.

Les contemporains connaissent ce qu'il en est de cette chapelle et de cette prétendue Marie du Jura ; il n'y aurait tout au plus que nos neveux qui pourraient s'y laisser tromper en perdant la trace de ce fait ; qu'ils se tiennent pour bien instruits à cet égard si ce livre parvient jusqu'à eux.

Pièces Justificatives.

Déclaration de M. Gervais, Missionnaire à Chézery.

Sur la demande de M⁵ʳ DEVIE, Evêque de Belley, je soussigné
Jean-Antoine Gervais, ancien missionnaire à Chézery, aujourd'hui
curé de Ville-Notre-Dame-en-Michaille, m'empresse de donner
sommairement ce que je sais relativement aux reliques de saint
Roland, abbé.

I° Je suis instruit dès ma jeunesse que jusqu'en 1793 le culte
de saint Roland avait été fort célèbre dans toutes les vallées du
Jura ; que, dans certaines solennités de l'année, ses reliques étaient
exposées dans l'église de l'abbaye à la vénération des fidèles du
lieu et des paroisses voisines qui s'empressaient de s'y rendre ;
que le buste en argent qui le représentait et qui contenait une
portion de ses ossemens, était porté dans les processions qu'on
avait coutume de faire à l'occasion des grandes sécheresses ; que
dans ces occasions on allait de l'église du couvent au lieu dit :
Fontaine bénite ou *Fontaine de saint Roland*, à un quart d'heure
au levant de Chézery, près de laquelle on voit une chapelle appelée : *Chapelle de saint Roland.*

2° Beaucoup de personnes de la vallée m'ont assuré qu'en 1793,
des agens du district de Nantua allèrent à Chézery, enlevèrent les
ornemens en argent qui décoraient la châsse de saint Roland et
les emportèrent, ainsi que le buste sus-mentionné ; que les ossemens
furent alors recueillis par des fidèles ; que M. Durié, curé intrus
de Chézery, les transporta processionnellement, le 14 juillet 1793,
de l'église du monastère dans l'église paroissiale ; que peu de temps
après, ce prêtre allant exercer son ministère aux Moussières et
craignant que, pendant son absence, les reliques ne fussent pro-
fanées de nouveau, les emporta avec lui ; qu'enfin, quittant ces
vallées du Jura par ordre de ses supérieurs, ledit M. Durié avait
rapporté les reliques à Chézery et les avait cachées en présence
de plusieurs témoins sous l'autel de saint Joseph, dans l'église
paroissiale ; que postérieurement des salpétriers étant venus faire
des fouilles à Chézery, les mêmes témoins, pour leur soustraire
ce dépôt qu'ils n'auraient pas manqué de trouver en poussant leurs

recherches dans cet endroit, l'enlevèrent et le portèrent dans un endroit secret de l'ancienne abbaye.

3° En 1802, j'étais missionnaire à Chézery; le nommé Baruchet, acquéreur du monastère, me fit connaître ce dépôt et le mit à ma disposition. Je vis un nombre assez considérable d'ossemens de diverses dimensions, un chef, une couronne de soie verte et d'argent, enfermés dans une caisse en sapin, que je m'empressai de transporter dans l'église paroissiale, accompagné de M. Rochex, prêtre auxiliaire que les supérieurs ecclésiastiques m'avaient envoyé. Quelques personnes, présentes à cette translation que je fis sans éclat, à cause que les temps étaient encore assez mauvais à cette époque, et qui connaissaient ce qui s'était passé au sujet de la relique de saint Roland, me répétèrent ce que j'ai dit plus haut sur le sort qu'elle a eu depuis 1793 jusqu'en 1802. La boîte qui contenait ces nombreux ossemens fut placée par moi dans une armoire fermant à clé, à droite de l'autel. En quittant Chézery, en 1804, je confiai ce dépôt à mon successeur.

Fait à Ville-Notre-Dame-en-Michaille, le 30 mars 1824.

Signé : GERVAIS, prêtre.

A Sa Grandeur, Monseigneur Alexandre-Raymond DEVIE, Evêque de Belley.

Belley, le Ier mai 1829.

MONSEIGNEUR,

Vous me faites l'honneur de me demander des renseignemens sur la relique de saint Roland, déposée dans l'église de Chézery, dont j'ai été curé depuis le concordat jusqu'en 1816.

Connaissant votre zèle et votre piété, je pense que Votre Grandeur a résolu de replacer sur l'autel ces restes précieux qu'une malheureuse révolution en avait arrachés, et qu'elle veut rendre au bienheureux Roland les honneurs que mérite un Saint dont la mémoire est encore toute vivante dans la vallée de Chézery à cause des grâces extrordinaires que les fidèles obtiennent en venant l'invoquer dans le lieu qui fut le théâtre de Sa Sainteté.

Personne plus que moi, Monseigneur, surtout pendant que j'étais curé de Ferney, n'a été plus à même de connaître tout ce que vous avez fait pour la religion, mais je le crois, Votre Grandeur n'aura point encore rendu de plus grand service aux habitáns des vallées du Jura qu'elle affectionne tant, qu'en exposant de nouveau à leur vénération la relique de saint Roland leur bienheureux patron; je vais donc vous faire connaître la manière dont elle a été conservée, en vous faisant observer, Monseigneur, que je tiens de tous le anciens de Chézery les détails que je vais avoir l'honneur de vous donner.

Avant la révolution de 1792, un buste en argent contenant des reliques de saint Roland était sur un autel dans l'église des moines de Chézery; au dessus, sur un rétable, était une châsse qui contenait les ossemens du Saint. En 1793, des agens du district de Nantua, allèrent à Chézery, s'emparèrent du buste en argent et des ornemens aussi en argent qui décoraient la châsse; la relique fut recueillie par le sieur François Juillard, agent de la commune, et par quelques autres fidèles qui la remirent à M. Durié qui faisait alors les fonctions de curé dans la paroisse de Chézery. Les ossemens en grand nombre furent enfermés dans une caisse de sapin, et ledit M. Durié les fit porter processionnellement à l'église paroissiale le 14 juillet 1793, jour de la fête de saint Roland. Le respect pour ce saint patron était tel que personne n'osa désapprouver cette cérémonie qui eut lieu au fort de la révolution, au milieu de beaucoup de personnes ennemies de la religion persécutée, et même en présence de plusieurs qui s'étaient aidés à profaner la châsse du Saint.

Le sieur Durié quittant Chézery pour aller exercer son ministère dans la paroisse des Moussières, qui est limitrophe, craignit qu'en son absence la relique ne fût profanée de nouveau, il l'emporta avec lui; mais sur le point de quitter les Moussières par ordre de ses supérieurs, il la reporta à Chézery et, en présence de quelques fidèles, il la cacha dans l'église paroissiale, sous l'autel de la chapelle de Saint-Joseph. Peu de temps après, des ouvriers furent envoyés à Chézery, par le gouvernement, pour chercher du salpêtre; alors les mêmes fidèles craignant qu'ils ne trouvassent la relique du saint, en fouillant le sol de l'église, la prirent nuitamment et la portèrent en un lieu secret à l'ancienne Abbaye. En 1802, un nommé Baruchet, du Valais, acquéreur des restes de l'abbaye, découvrit ce dépôt à M. Gervais, missionnaire, dans la vallée de Chézery. Cet apôtre zélé, prit la caisse qui contenait ces saintes dépouilles et, accompagné de M. Rochex, prêtre, qui l'aidait dans ses missions, il la porta dans l'église paroissiale et la ferma soigneusement dans un placard qui est au fond de l'église à droite du maître-autel. En arrivant à Chézery, où je fus nommé curé par Monseigneur l'évêque de Chambéry en 1804, je trouvai la relique dans ce placard, je fus curieux de la visiter : je vis dans une caisse beaucoup d'ossemens grands et petits, un chef et une couronne tissue de soie verte et d'argent. Je fis mettre cette caisse dans une autre plus grande et plus forte pour la mettre plus en sûreté, et je l'enfermai à la sacristie dans l'armoire de la fabrique fermant à double clef, dont l'une est entre les mains du trésorier. En quittant Chézery pour aller à Ferney, où je fus nommé curé en 1815, je confiai ce dépôt à mon successeur et à MM. les fabriciens qui le gardent soigneusement, espérant bien le voir placer un jour en un lieu plus décent.

Les habitans de Chézery ont toujours eu une grande vénération pour saint Roland : avant la révolution, des personnes venaient de très-loin pour solliciter des guérisons, et c'est au grand nombre de celles qui s'opérèrent à son tombeau qu'il faut attribuer la célébrité de ce pélérinage. Des paroisses entières, dans les temps de sécheresse, venaient à Chézery de toutes les montagnes et vallées du Jura, pour solliciter la pluie par l'intercession de saint Roland. La tradition a conservé le souvenir d'un grand nombre de miracles opérés par la puissance de ce bienheureux auprès de Dieu; j'ai été moi-même témoin de beaucoup de faits extraordinaires dont je vais, Monseigneur, vous raconter quelques-uns avec simplicité :

Il existe au levant de Chézery une fontaine dite : *Fontaine Bénite* ou *Fontaine de saint Roland* et encore *Chapelle de saint-Roland*, parce que dessus cette fontaine se trouve un petit oratoire où selon la tradition, saint Roland se retirait souvent pour prier; les habitans ne passent jamais devant cette fontaine sans prendre de l'eau avec la main comme dans un bénitier et sans faire le signe de la Croix.

Une religieuse de St-Joseph, native de Chézery, sœur Galmier aujourd'hui employée au service des femmes aliénées de l'hôpital de Bourg, a été guérie subitement d'une inflammation aux yeux qui la faisait souffrir depuis long-temps sans que les médecins eussent pu la soulager, en se lavant la partie malade avec les eaux de cette fontaine, pendant une neuvaine qu'elle fit en l'honneur de saint Roland et en se faisant appliquer sur la tête la relique du Saint, comme cela se pratiquait autrefois ; un grand nombre de personnes de Chézery, pourront vous attester la vérité de ce fait.

Il y a peu d'années, une personne d'Oyonnax, affligée d'une ophtalmie opiniâtre, se rendit à Chézery le 14 juillet, jour de la fête de saint Roland, fit dire une messe en l'honneur de saint Roland, se lava la figure avec les eaux de cette fontaine, et se trouva parfaitement guérie.

Un ecclésiastique, travaillé depuis longues années par une maladie regardée comme incurable par les plus habiles médecins de Genève, fit faire une neuvaine à saint Roland et obtint sa guérison.

Une personne atteinte depuis long-temps d'un mal de tête violent et continuel, fut guérie par l'application des reliques de saint Roland sur la partie malade.

J'ai vu une femme de Lelex et un jeune homme de Chézery atteints du même mal et guéris de la même manière.

Il est aussi à ma connaissance et à celle de beaucoup d'autres témoins, qu'un nommé Joseph Blanc de Chézery, tomba malade pendant un voyage qu'il faisait en Comté ; les médecins jugèrent sa maladie mortelle, son compagnon de voyage vint en donner la nouvelle à ses parens qui n'eurent rien de plus pressé que de s'adresser à saint Roland, auquel ils avaient toujours eu la plus grande confiance : leur prière ne tarda pas à être exaucée ; car ledit Joseph Blanc arriva, peu de jours après, à la maison paternelle, parfaitement guéri.

Voilà, Monseigneur, tout ce que je puis vous dire sur saint Roland ; mais les habitans de Chézery vous affirmeront une quantité d'autres faits, si vous voulez vous donner la peine d'interroger les anciens.

Je suis, avec respect,
Monseigneur,

Votre très-humble et très-obéissant serviteur ,

RANDON, *ancien curé de Chézery,*
aujourd'hui chanoine de Belley.

Procès-verbal de la reconnaissance des Reliques de saint Roland, abbé, dans la paroisse de Chézery, au diocèse de Belley, canton de Collonges, arrondissement de Gex, département de l'Ain.

Nous soussignés Nicolas-Augustin Delacroix et Jean-Irénée Depery, vicaires-généraux du diocèse de Belley, en vertu de la commission à nous donnée, le 28 mars 1834, par Mgr Alexandre-Raymond DEVIE, Evêque dudit diocèse, d'aller dans la paroisse de Chézery pour y reconnaître et vérifier les précieuses reliques de saint Roland, abbé, qui existent dans l'église paroissiale, nous nous y sommes transportés le 2 avril de la même année, pour remplir les intentions pieuses du vénérable Prélat et pour constater la vérité des documens donnés sur l'état de cette relique par M. Gervais, missionnaire à Chézery en 1802 et 1803, plus tard curé de Ville-Notre-Dame, aujourd'hui curé de Vanchy, et par M. Randon, ancien curé de Chézery, aujourd'hui chanoine de Belley, qui l'un et l'autre, par des déclarations annexées au présent procès-verbal, ont affirmé que le corps de saint Roland, qui reposait autrefois dans une châsse sur l'autel de l'église du monastère des Bernardins établis à Chézery, en avait été arraché, lors de la révolution de 1793, par des mains sacriléges, qui se contentèrent d'emporter le reliquaire ou buste en argent; qu'un prêtre, qui faisait les fonctions de curé, s'empara du corps, le transporta processionnellement dans l'église paroissiale, au milieu d'une foule respectueuse et accoutumée à vénérer ces restes précieux; que peu après, ledit Prêtre, nommé Durié, ayant passé dans la paroisse des Moussières près de Chézery, et craignant que pendant son absence la relique ne fût enlevée, il la prit avec lui, mais que, lorsqu'il quitta cette paroisse par ordre de ses supérieurs, il la rapporta à Chézery, et la cacha, en présence de témoins, sous l'autel de saint Joseph, dans l'église paroissiale; que des ouvriers ayant été envoyés par le gouvernement pour chercher du salpêtre dans les habitations de Chézery, ces mêmes fidèles craignirent qu'en poussant leurs explorations dans l'église, ils ne vinssent à découvrir le dépôt de la relique; en conséquence ils enlevèrent les ossemens de saint Roland, contenus dans une caisse en sapin, et les mirent en un lieu secret de l'ancienne abbaye, qui avait passé en des

mains séculières, mais point avides de destruction ; que c'est là ,
en 1802, que M. Gervais, missionnaire dans la vallée de Chézery,
alla prendre ce précieux dépôt, et le reporta dans l'église paroissiale où il le renferma soigneusement dans un placard qui est près
du maître-autel, où M. Randon, long-temps curé de Chézery,
assure l'avoir vu pendant tout le temps qu'il a demeuré dans cette
paroisse.

Munis de tous ces renseignemens , nous, vicaires-généraux ,
commissaires de Mgr l'Evêque de Belley, accompagnés de M. Font,
curé actuel de Chézery ; de M. Guillon, vicaire de Chézery ; de
M. Bourlot, curé de Champfromier ; de M. Moine, vicaire de Len-
crans ; de M. Chamard, vicaire de Champfromier, nous nous sommes
rendus à l'église paroissiale pour remplir notre commission ; là ,
M. Font nous a déclaré que la relique renfermée dans une double
caisse en sapin avait été mise, par M. Randon, dans le coffre
de la Fabrique, fermant à deux clés, dont l'une était entre
ses mains et l'autre entre celles de M. le trésorier, qui nous l'a
remise. En présence de tous ces Messieurs, nous avons sorti la
caisse contenant les ossemens de saint Roland, et l'avons fait
transporter dans une chambre du presbytère, où elle a été déposée
sur une table préparée à cet effet, sur laquelle brûlaient deux
cierges ; après quoi nous avons ouvert la caisse que nous avons
trouvée remplie d'ossemens : notre premier mouvement a été de
nous mettre à genoux, avec toutes les personnes qui nous accom-
pagnaient, pour vénérer les reliques du saint abbé. Aussitôt après
nous avons procédé à la reconnaissance des ossemens, toujours
en présence des témoins sus-nommés. Les ossemens bien conservés
sont :

1º Le chef, avec l'os maxillaire inférieur ;

2º Les deux humérus ;

3º Un radius et un cubitus ;

4º Les deux omoplattes, une clavicule et le sternum ;

5º Douze vertèbres, tant cervicales, dorsales que lombaires ;

6º Dix-huit côtes, grandes ou petites ;

7º Les os du bassin et le sacrum ;

8º Les deux fémur et une rotule ;

9º Les deux tibia et les deux peronés ;

10º Les deux calcanéum et les deux naviculaires ;

11º Quatorze os ou fractions d'os du métacarpe et du métatarse ;

12° Quatre autres petits os appartenant à ces mêmes parties du corps ;

13° Enfin, dans la même caisse se trouvait une couronne, tissue de soie verte et d'argent, qui ornait autrefois le chef du Saint.

Nous avons reconnu, par le rapprochement que nous en avons fait, que tous ces ossemens appartiennent au même corps.

Cette opération finie, nous avons mandé quelques anciens de la paroisse pour nous donner des renseignemens sur la manière dont la relique avait été conservée, et aussitôt est comparu Claude-François Coutty, âgé de 77 ans, habitant de Forens, jadis élève d'un des religieux de l'abbaye de Chézery, nommé dom Bugnet, chargé de faire vénérer les reliques de saint Roland, lequel Claude-François Coutty nous a déclaré reconnaître la couronne qui ceignait autrefois la tête du Saint, et qui nous a répété tout ce qui est contenu dans les déclarations de M. Gervais et de M. Randon, mentionnées plus haut, et a signé : COUTTY.

Après est comparu Roland Grosgojat, âgé de 81 ans, avant la révolution employé au service de l'abbaye, lequel a reconnu la couronne qui décorait le chef de saint Roland, et a affirmé avoir entendu dire tout ce qui est relaté dans les narrations de M. Gervais et de M. Randon. Il nous a dit de plus, qu'en 1793, il avait vu les agens du district de Nantua emportant un buste en argent dans lequel, avant cet événement, étaient des reliques de saint Roland ; mais que n'en voulant qu'à l'argent, ils avaient laissé ces reliques qui furent recueillies et jointes aux autres ossemens. Ledit Roland Grosgojat, ne sachant signer, a déclaré, en présence des témoins soussignés au procès-verbal, que sa déclaration ne contenait que la pure vérité.

Est comparu ensuite Roland Durafour, âgé de 72 ans, lequel a déclaré, comme les deux précédens, qu'il reconnaissait la couronne de soie et d'argent pour celle qui était autrefois sur le chef de saint Roland, à l'abbaye, et a raconté comment la relique avait été soustraite à la fureur des révolutionnaires, et son récit est conforme à ce qui a été rapporté par MM. Gervais et Randon. Ledit Roland Durafour persiste dans son dire, et le déclare conforme à la vérité, en présence des témoins soussignés, quoique ne signant pas lui-même pour ne savoir le faire.

Est comparu immédiatement après, Joseph Micholet, du village de la Rivière, âgé de 75 ans, qui a aussi déclaré reconnaître la couronne qui reposait autrefois sur le chef de saint Roland, et affirme que la relique a été sauvée comme l'ont raconté MM. Gervais et Randon. Ledit Joseph Micholet a déclaré ne savoir signer.

Ensuite est comparue Marie-Victoire Juillard, fille de François Juillard, agent de la commune de Chézery à l'époque de la spoliation de la châsse par les émissaires du district de Nantua, laquelle déclare avoir entendu souvent raconter par son père la manière dont fut profanée ladite châsse; comment le buste en argent fut enlevé par lesdits émissaires, et comment François Juillard, son père, parvint à soustraire la relique; comment elle fut enfermée dans une caisse en sapin et mise à l'abri des recherches des impies. Ladite Marie-Victoire Juillard a signé sa déclaration qu'elle affirme sincère et véritable.

MARIE-VICTOIRE JUILLARD.

D'après ces déclarations, qui toutes concordent entr'elles, nous avons jugé inutile d'entendre d'autres témoins qui se présentaient en foule et qui tous n'avaient que la même chose à raconter.

Dès-lors nous avons procédé à l'arrangement de la relique dans la châsse donnée à la paroisse de Chézery par Mgr Alexandre-Raymond DEVIE, Evêque de Belley. Cette châsse est en bois de noyer, en forme de tombeau, longue de trois pieds, large d'un pied et demi, ayant vingt-et-un pouces dans sa plus grande hauteur, fermant à clé, éclairée par six ouvertures en forme d'œil-de-bœuf vitrées; elle a trois autres ouvertures au couvercle, munies de grilles en fer-blanc, et deux ouvertures du même genre sur chaque grande face, qui ont été pratiquées pour donner de l'air; elle est garnie en dedans en soie verte, à l'extérieur elle est peinte en noir; des guirlandes peintes en jaune décorent les œils-de-bœuf; les moulures sont dorées; sur les deux grandes faces du couvercle, on lit ces mots en lettres dorées : *Sancte Rolande, ora pro nobis;* six anneaux dorés y ont été apposés pour en faciliter le transport lorsqu'on la portera en procession.

Tous les ossemens mentionnés ci-dessus ont été enfermés dans trois petits sacs en toile de coton scellés en cire rouge, au petit sceau des armes de Mgr DEVIE, Evêque de Belley, lesquels sacs ont été placés dans la châsse où nous les avons aussi scellés sur un coussin en soie rouge qui garnit le fond.

Le chef, ainsi que la mâchoire inférieure, a été plié dans une étoffe de soie violette et placé au milieu de la châsse où il a été, comme les petits sacs, scellé sur le coussin en soie rouge. Ledit chef est surmonté de son ancienne couronne.

D'après la recommandation qui nous en avait été faite par notre commission, nous avons extrait de la relique de saint Roland deux vertèbres et une côte pour en enrichir le trésor de la cathédrale de Belley.

De tout quoi nous avons dressé le présent procès-verbal à triple expédition signé par les témoins sus-nommés, dont l'une sera déposée dans la châsse, et les deux autres emportées à Belley, pour être déposées dans les archives de l'évêché.

Le tout étant ainsi disposé, nous avons prévenu M. le curé de Chézery que nous allions fermer la châsse à clé, la sceller extérieurement, en sa présence, aux armes de Mgr DEVIE.

Cette opération finie, nous avons, en présence des témoins, confié cette châsse à M. Font, curé de Chézery, qui l'a placée dans un lieu sûr du presbytère, où elle restera jusqu'à ce que Sa Grandeur vienne dans cette paroisse la reprendre entre ses mains pour en faire la translation solennelle dans l'église paroissiale.

M. le curé nous ayant témoigné le désir d'avoir une copie de ce procès-verbal dans le registre de la Fabrique, nous avons trouvé sa demande juste et utile, et de suite le procès-verbal a été transcrit et signé par les témoins, comme il le demandait.

Fait au presbytère de Chézery, les 2 et 3 avril 1834.

> Signé : FONT, *curé de Chézery;* BOURLOT, *curé de Champfromier;* GUILLON, *vicaire de Chézery;* MOINE, *vicaire de Lancrans;* CHAMARD, *vicaire de Champfromier :* DEPERY, *vicaire-général;* DELACROIX, *vicaire-général.*

NEUVAINE

EN L'HONNEUR

DE SAINT ROLAND, ABBÉ.

Avant la révolution qui détruisit jusqu'au culte du vrai Dieu, les fidèles allaient en foule à Chézery faire des neuvaines à saint Roland, et c'est pendant ces pieux exercices qu'il se plaisait à exaucer leurs demandes. Sa puissance n'a rien perdu de sa force auprès de Dieu, et nous obtiendrions de lui les mêmes faveurs qu'en obtenaient nos pères, si nous les demandions avec la même ferveur, la même foi et les mêmes dispositions. C'est donc pour faciliter aux fidèles le pieux exercice d'une neuvaine à saint Roland, que nous joignons à cet abrégé de sa vie quelques méditations auxquelles on emploiera au moins chaque jour un quart-d'heure.

1° La principale fin que vous devez vous proposer, en faisant cette neuvaine, doit être le bien spirituel de votre âme ; mais vous pourrez y demander la grâce temporelle que vous désirez obtenir de Dieu par l'intercession de son serviteur.

2° Ne commencez pas cette neuvaine sans avoir formé la résolution de rompre avec vos mauvaises habitudes ; le seul moyen de nous rendre les Saints propices, c'est de les imiter. Que votre premier soin soit donc de purifier votre âme par une confession entière et par une contrition sincère de tous vos péchés.

3° Faites chaque jour de la neuvaine quelques bonnes œuvres en l'honneur du Saint : une mortification, une aumône, etc. Assistez à la messe, visitez le Saint-Sacrement, si vous le pouvez, etc. Appliquez-vous surtout à bien faire la méditation marquée pour chaque jour, et vivez pour cela dans le recueillement autant que votre état peut le permettre ; adressez-vous surtout au Saint par des aspirations, priez-le de vous assister, de vous éclairer, de vous convertir, et sa protection ne manquera pas de produire en vous les effets les plus précieux.

—

PREMIER JOUR.

De la Foi.

I. Tout ce que la foi nous enseigne est appuyé sur l'autorité de la parole de Dieu. L'église a appris de la bouche de J.-C. ce qu'elle propose aux fidèles pour l'objet de leur croyance : on ne peut pas s'égarer quand on a la vérité même pour guide. Il n'y a rien de plus raisonnable que de soumettre sa raison à la foi. Saint Roland avait compris cette grande vérité, aussi fit-il le sacrifice de sa naissance, de ses biens et de tous les avantages que lui offrait le monde pour mettre en pratique les préceptes de l'évangile qui est la règle de notre foi.

II. Que sert la foi à un chrétien, si comme à saint Roland elle ne lui sert à former ses mœurs sur J.-C. notre divin modèle ? c'est une grande folie de douter de la vérité d'une doctrine que Dieu a révélée, que tant de martyrs ont signée de leur sang, qui a fait fuir le monde à tant de religieux pour aller vivre dans le désert, qui a été confirmée par tant de miracles, que les démons mêmes ont confessée dans tant de rencontres ; mais c'est bien une plus grande folie de croire cette doctrine vraie, de tenir l'évangile pour un code parfait de morale et de vivre en païen, sans remplir aucun des devoirs que son divin auteur nous prescrit. C'est croire comme les démons que de ne pas vivre conformément à sa croyance.

La foi sera donc désormais le principe de mes actions et la règle de ma vie. Tout ce qu'elle condamne, je le condamne absolument, malgré toutes les répugnances de ma nature. Comme saint Roland j'opposerai, dans les occasions, les maximes de l'évangile à celles du monde. Que dit le monde? qu'il faut suivre ses inclinations, qu'il ne faut rien souffrir, qu'il faut sacrifier son salut pour acquérir des richesses, etc. ; que dit Jésus-Christ ? tout le contraire : qu'il faut se faire violence, réprimer toutes ses passions, qu'il faut pardonner comme il a pardonné, qu'il faut préférer des biens éternels à des biens que la mort doit nous arracher, etc., etc.

Vous le savez, grand Saint, qui vécûtes parmi nos pères, c'est par la foi qu'ils ont été arrachés des ténèbres de l'erreur et des ombres de la mort : c'est par elle que nous avons été justifiés ; sans elle nous ne pouvons rien, avec elle nous pouvons tout, car nous pouvons espérer le pardon de nos fautes, obtenir la grâce d'imiter vos vertus et de partager votre gloire.

Daignez, nous vous en conjurons, conserver au milieu de nous cette foi que vos exemples et vos vertus ont fait luire dans nos vallées, faites qu'elle soit, malgré les efforts de l'enfer, l'héritage de nos neveux jusqu'à la fin des siècles. Ainsi soit-il.

—

SECOND JOUR.

L'Espérance.

I. Nous confions nos procès à un jurisconsulte, nos intérêts à un homme puissant, notre santé et notre vie à un médecin, parce que nous pensons qu'ils peuvent nous assister, et je ne m'abandonnerais pas à ce Dieu puissant qui peut me secourir dans tous les temps, qui m'a créé, qui soutient mon existence, qui connaît ma pauvreté et qui pourvoit chaque jour à mes besoins ! il a vu l'homme esclave du démon, et il a envoyé son divin fils sur la terre pour le racheter ; il s'est fait homme pour partager nos misères ; il s'est fait esclave pour nous mettre en liberté ; il est mort pour nous rendre la vie ; il nous donne sa chair à manger afin de nous incorporer à lui et de faire passer en nous les mérites qu'il nous a acquis par son sang ; il veut me faire partager son royaume, sa gloire et son bonheur ; combien de motifs de confiance !

II. Il faut avouer cependant que l'espérance des biens du ciel fait peu d'impression sur nous. Nous nous attachons aux personnes dont nous croyons tirer des avantages temporels et nous n'avons que de la froideur pour Dieu qui nous assure des biens solides et éternels. Dieu nous propose le ciel et nous n'avons de désirs que pour la terre ; il nous offre une vie immortelle et nous nous consumons à penser à des bois, à des pierres, à des maisons, à nos troupeaux, à notre commerce, à des parures, à des amusemens.

Saint Roland, animé par l'espérance du ciel, quitte patrie, ses parens, les honneurs et la fortune pour venir jouir de Dieu dans le silence de la vallée de Chézery ; eh bien ! en quittant le monde, il a trouvé le ciel ; mais le monde que vous donnera-t-il à la fin de vos jours pour avoir demeuré toute votre vie à son service !

O saint Roland, obtenez-moi de Dieu la force de sortir de l'indifférence dans laquelle je vis à l'égard de l'espérance du ciel. Que votre puissante protection écarte de moi les illusions terrestres qui m'égarent en me détournant de mes devoirs de chrétien. Faites qu'à votre exemple, je me repose entièrement en ce bon père pour mes besoins, et que, dégagé du trop grand empressement d'amasser des biens terrestres, je mène ici bas une vie semblable à la vôtre, qui m'obtiendra celle qui ne doit jamais finir.

Ainsi soit-il.

—

TROISIÈME JOUR.

L'amour de Dieu.

I. Aimer Dieu c'est notre premier devoir, puisqu'il mérite tout notre amour et qu'il l'exige ; il le mérite par lui-même et par ses bienfaits. 1° *Par lui-même.* Il est le plus parfait, par conséquent le plus aimable de tous les êtres ; il est l'auteur et le principe de tout ce qui plaît, de tout ce qui touche et ravit notre cœur ; le charme même et la douceur du sentiment sont un effet de sa puissance. 2° *Par ses bienfaits.* Qu'avons-nous que nous n'ayons reçu de Dieu ? n'est-ce pas lui qui nous a créés et qui nous conserve ? tout ce que nous voyons et tout ce que nous sommes, n'est-il pas un don de sa magnificence et de sa bonté ? nous n'avons qu'à jeter les yeux sur tout ce qui nous environne et sur nous-mêmes pour trouver un motif de l'aimer : non-seulement il mérite notre amour, mais il l'exige. *Vous aimerez le seigneur votre Dieu,* voilà le premier et le plus grand des commandemens ; celui qui *renferme la loi et les prophètes.*

II. L'accomplissement de ce devoir est d'une grande étendue. Il consiste à donner habituellement et perpétuellement à Dieu, une préférence entière et absolue sur tout autre objet, à le préférer à nous-mêmes, à tout ce qui nous est cher, à toutes les créatures. Il suffit d'aimer son prochain comme soi-même, il n'y a que Dieu seul qu'on doit aimer plus que soi-même. Méditez bien ces paroles de Jésus-Christ : *Celui qui aime son père et sa mère plus que moi, n'est pas digne de moi,* c'est un infidèle qui ne me rend pas la mesure d'amour que j'exige et que j'ai droit d'exiger de toutes les ames que j'ai créées pour ma gloire ; il met des bornes et des restrictions à une préférence qui ne doit pas en avoir. Saint Roland mit en pratique ce divin commandement ; il aima Dieu de tout son cœur, de toute son âme, et de toutes ses forces, puisqu'il fit l'abandon de tout ce qu'il possédait en ce monde pour ne s'attacher qu'à Dieu.

Que n'ai-je, grand Saint, un cœur aussi pur, aussi brûlant que le vôtre de l'amour de son Dieu ! à qui puis-je mieux m'adresser pour changer mon cœur qu'à vous, qui avez imité sur la terre, cette charité vive et ardente qui anime les esprits bienheureux dans le ciel ! j'ose donc vous le présenter ce cœur froid et insensible ; daignez lui communiquer quelques étincelles de ce feu divin dont vous avez reçu toutes les ardeurs. Obtenez-moi la grâce de vivre et de mourir dans l'amour de mon Dieu ; c'est la plus grande faveur que je puisse jamais attendre de votre puissante protection.

Ainsi soit-il.

—

QUATRIÈME JOUR.

Sur l'observation des lois de Dieu.

I. *Celui qui aime Dieu, observe les lois de Dieu avec fidélité ;* comme saint Roland, il est attentif à lui plaire ; comme saint Roland, il craint toujours de l'offenser. Le véritable amour produit infailliblement la conformité des sentimens et des volontés : celui qui aime Dieu, n'a donc plus comme saint Roland d'autre volonté que celle de Dieu ; tout ce que Dieu condamne, il le réprouve, et tout ce qu'il ordonne, il l'embrasse avec soumission, il le cherche même avec empressement. Quand Dieu parle, il ne sait plus qu'obéir : à la voix de ce maître suprême, son amour-propre se tait, ses passions demeurent dans le silence, les plus chères inclinations de la nature ne sont comptées pour rien.

II. *Celui qui aime Dieu, observe les lois de Dieu avec facilité.* La loi de Dieu paraît souvent rude et sévère à la nature, elle ne tolère pas la moindre faiblesse, elle ne fait grace à aucune affection déréglée, elle assujétit à mille contraintes, elle exige quelquefois de grands sacrifices ; elle impose des devoirs souvent pénibles à remplir. Mais rien ne coûte à une ame vivement pénétrée de l'amour de son Dieu : voyez saint Roland ! les sacrifices lui plaisent, les peines lui deviennent agréables ; il ne croit pas pouvoir donner à Dieu trop de preuves de son amour. Puis-je me reconnaître à ce portrait ? puis-je croire que je vous aime ô mon Dieu, lorsque je ressens tant de répugnance à vous obéir quand vous me faites le commandement de prier, d'assister aux offices, d'aller me confesser, de remplir mon devoir pascal, de fuir les occasions du péché ?

Du haut du ciel où vous a placé votre fidélité à observer la loi de Dieu, ô bienheureux Roland, vous voyez ma faiblesse, ma tiédeur, mes manquemens quotidiens dans le service de Dieu ; eh bien ! prenez pitié d'une âme qui vous est chère, puisqu'il est vrai que vous êtes notre père et que du sein de votre béatitude vous veillez sur vos enfans ; obtenez-nous le courage qui vous fit vaincre toutes les difficultés pour obéir à la loi de Dieu. Vos exemples sont pour nous, sans doute, une vive lumière qui nous éclaire sur la route du ciel, mais votre assistance nous est nécessaire pour nous aider à y marcher ; vous ne me la refuserez pas, vous qui êtes le protecteur de ces vallées où vous fîtes éclater si souvent les beaux exemples de votre charité.

Ainsi soit-il.

CINQUIÈME JOUR.

Sur le respect humain, grand obstacle à l'accomplissement de la loi de Dieu.

I. On n'entend vanter aujourd'hui que le courage ; on ne cherche qu'à en faire preuve ; on respecte ceux qui portent les marques de leur intrépidité dans les dangers de la guerre, et dès qu'il s'agit de pratiquer la vertu, on est lâche, on est peureux jusqu'à trembler devant un fantôme : que va-t-on dire de moi dans le monde ? mais quel est ce monde dont vous redoutez les regards et les discours ? un assemblage de gens que l'on ne peut connaître sans les mépriser, et que l'on ne doit pas craindre si on ne les connaît pas. C'est cependant au jugement frivole et inconsidéré de cette multitude que vous sacrifiez le salut de votre âme, tandis que vous avez à opposer à ces vains discours votre raison, votre religion, votre conscience, votre Dieu et l'exemple des Saints.

II. S'agit-il de satisfaire ses passions, on brave le respect humain. Si l'on nous dit que l'éclat de nos déréglemens scandalise, nous ne nous en inquiétons pas : quel droit, disons-nous, ces gens-là ont-ils de critiquer ma conduite ? suis-je obligé de leur rendre compte de mes actions ? ma réputation et ma gloire dépendent-elles de leurs discours ? C'est ainsi que le respect humain fait tomber le pécheur en contradiction avec lui-même. C'est ainsi que d'un côté nous sommes faibles et timides quand il s'agit de faire le bien, et que de l'autre, selon l'expression de saint Grégoire, nous sommes intrépides et magnanimes pour le mal.

Eh quoi ! nous regarderions comme un lâche le soldat qui n'obéirait pas à la voix de son chef quand même il serait sûr que son obéissance va lui coûter la vie ; et nous refusons d'obéir à Dieu qui a sur nous un souverain pouvoir, sans craindre de nous exposer à cette terrible menace de Jésus-Christ qui déclare dans son évangile qu'il rougira devant son père de ceux qui auront rougi de lui devant les hommes. Eh quoi encore ! les païens mettaient leur gloire à parer leurs jardins et leurs galeries de leurs divinités, tandis que les chrétiens rougissent de parer leurs appartemens d'un crucifix ou d'une image de dévotion qui nous rappellent des idées de religion ?

Saint Roland, vous nous avez appris par votre conduite à mépriser les discours du monde pour n'écouter que la voix de Dieu ; obtenez-nous la grâce de ne point craindre ceux qui peuvent ôter la vie du corps, comme dit l'oracle de la vérité, mais qui ne peuvent ôter celle de l'âme ; faites-nous bien comprendre qu'en se rendant esclave du respect humain on ne se fait point estimer, mais au contraire mépriser, et qu'en s'élevant au-dessus de ce vain fantôme, le véritable chrétien force le monde à louer sa conduite, et alors nous serons comme vous des serviteurs fidèles sur la terre, et nous partagerons avec vous, un jour, la couronne que Dieu donne à ceux qui auront vaincu le monde.

Ainsi soit-il.

—

SIXIÈME JOUR.

Sur la nécessité de la prière.

I. Saint Roland avait appris dans l'Evangile que le Sauveur du monde avait fait une loi de la prière, qu'il avait même consigné dans son testament celle que nous devions adresser chaque jour à son Père, pour ôter toute excuse à ceux qui prétexteraient de leur ignorance pour ne pas prier ; aussi saint Roland, pénétré de cette vérité, quitta-t-il le monde pour aller dans la solitude où il passa sa vie en prière.

La nécessité de la prière est fondée, 1° *sur la nécessité de la grâce.* Point de salut à espérer sans la prière. Dieu ne nous doit rien par justice ; n'est-il pas convenable que nous lui adressions nos prières, pour attirer sur nous ses bienfaits ? La grâce et la prière sont deux choses indivisibles, dit saint Jérôme ; ôter ou établir la nécessité de la grâce, c'est ôter ou établir celle de la prière. Trouvez un homme qui n'ait pas besoin de grâce, et cet homme d'une nature surhumaine pourrait être exempt de prier; mais il n'existe pas.

II. La nécessité de la prière est fondée, 2° *sur l'hommage que nous devons rendre à la grandeur, à la puissance et à la bonté de Dieu.* Nous honorons sa divinité par nos sacrifices; sa justice par nos pénitences; sa souveraineté par notre obéissance; sa providence par notre résignation; sa grandeur, sa puissance et sa bonté par nos prières. Prier Dieu, c'est reconnaître qu'il est grand, puissant, bon, miséricordieux, libéral et magnifique; c'est-à-dire qu'on attend tout de lui, qu'on ne peut rien sans lui, et le mettre par conséquent dans la nécessité, pour ainsi dire, de nous accorder l'effet de nos demandes.

Telle fut la pratique de saint Roland: on peut dire que sa vie ne fut qu'une longue prière. Il ne se contentait pas de rendre au Créateur, le matin et le soir, un tribut réglé d'hommages; au milieu de ses occupations, son cœur conversait avec Dieu dans la prière. Voilà ce que je pourrais faire; mes affaires m'appellent de grand matin à la campagne, m'y retiennent tout le jour, à peine si j'ai le temps de faire une courte prière vocale, eh bien! je m'occuperai de Dieu pendant mon travail; je le prierai d'avoir pitié de moi, de me faire miséricorde, d'accepter mes peines en expiation de mes fautes, etc., etc. : ce sera là une bien bonne prière.

Je vous demande, ô mon Dieu! de m'accorder la grâce de faire ainsi mes délices de la prière, quelle soit la douceur de mes jours et le lien de mon union avec vous.

Je m'adresse aussi à vous, saint Roland, qui m'êtes proposé pour modèle, dans la vue d'obtenir cette faveur. Demandez-la au Ciel pour moi, et faites que, ressentant déjà le pouvoir de votre exemple, je ressente aussi celui de votre intercession.

Ainsi soit-il.

SEPTIÈME JOUR.

Sur l'obligation de mener une vie pénitente et mortifiée.

I. Nous sommes tous dans la nécessité de faire pénitence *comme chrétiens*, suivant cette maxime : *Tota vita christiani perpetua debet esse pœnitentia.* Toute la vie d'un chrétien doit être une pénitence continuelle. Remarquez 1° qu'on ne dit pas quelques actions particulières de la vie, mais la vie elle-même ; 2° qu'on ne dit pas quelques années, quelques jours ou quelques momens, mais toute la vie, *tota vita ;* 3° qu'on ne dit pas la vie d'un solitaire retiré dans le désert, mais d'un chrétien et de tous chrétiens, de quelqu'état qu'ils puissent être : *Tota vita christiani,* parce que tout chrétien est membre et disciple de Jésus-Christ, et ne peut espérer d'être sauvé qu'autant qu'il aura conformé sa vie et sa conduite à celles de Jésus-Christ, son maître, son sauveur, son chef et son modèle.

2° Nous sommes tous dans la nécessité de faire pénitence *comme pécheurs*, puisque nous sommes devant Dieu comme des criminels obligés de satisfaire à sa justice par l'expiation de nos péchés, et de prévenir par la pénitence le terrible châtiment dont il nous menace. Or, serait-il possible d'allier la pénitence avec les divertissemens, les épanchemens de la joie, la danse, la fréquentation des cabarets, le contentement de ses désirs et l'ivresse de la volupté ? Un pécheur pénitent proportionne à son état et à ses forces la mortification extérieure de ses sens ; ainsi, s'il ne peut jeûner à cause de ses travaux, il offrira ses peines pour satisfaire au précepte, il se mortifiera extérieurement en imposant silence à ses passions, en faisant de bonnes œuvres, comme l'aumône, etc. Il faut donc me résoudre à la pratiquer cette pénitence pour laquelle j'ai eu jusqu'à ce jour tant d'éloignement! Je sens ce qu'il m'en coûtera, mais je dois savoir que le ciel qui est le prix de la pénitence, ne s'acquiert pas sans effort, et que pour y parvenir il faut combattre le monde, le Démon et la chair.

Je m'adresse à vous, ô mon puissant protecteur, pour vous prier de m'assister dans le combat que je suis résolu d'entreprendre; je m'y sens animé par votre exemple, mais j'ai tout à craindre de ma faiblesse. Me confiant, toutefois, en vos mérites et en votre intercession, j'ose espérer obtenir la couronne promise à celui qui aura vaillamment combattu jusqu'à la fin.

Ainsi soit-il.

—

HUITIÈME JOUR.

Le Salut.

I. *Cherchez premièrement*, dit Jésus-Christ, *le royaume de Dieu et sa justice.* Travailler tous les jours à nous sanctifier et à nous sauver, telle est la première et la plus importante affaire que nous ayons en ce monde; affaire dont Dieu lui-même s'est occupé de toute éternité et pour laquelle il a tout fait; car s'il a créé le monde, s'il a envoyé son fils sur la terre, c'est pour nous sauver. Si le fils est descendu du Ciel, s'il est mort sur une croix, c'est *pour nous et pour notre salut.* Quelle folie de négliger une affaire que Dieu a tant à cœur, et de vivre comme si je n'avais point une âme à sauver !

II. Le salut est une affaire qui nous regarde personnellement, que nous ne pouvons confier à d'autres, et dont nous aurons tout le profit ou toute la perte. Vérité si constante que lors même que tous les hommes se sauveraient, si je ne fais pas moi-même ce que Dieu m'ordonne, je me perdrai infailliblement; et au contraire, quand tous les hommes se damneraient, si je suis fidèle à Dieu, je me sauverai très-certainement. Je veux donc, Seigneur, travailler à mon salut avec toute l'application possible.

Le salut est l'affaire la plus nécessaire et même la seule absolument nécessaire; *car que sert à l'homme*, dit Jésus-Christ, *de gagner tout le monde, s'il vient à perdre son âme?* En vain j'aurais été le plus heureux des hommes sur la terre, si je ne sauve pas mon âme, tout est perdu pour moi; mais quelque triste qu'ait été ma position en ce monde, si je fais mon salut, j'ai tout gagné. O mon Dieu! j'en prends la résolution devant vous, je veux, dès ce moment, travailler à mon salut; je veux sauver mon âme quoi qu'il puisse m'en coûter; faites-moi exécuter ce bon propos que vous m'avez inspiré. Aidez-moi à connaître votre loi sainte, qui sera pour moi ce flambeau salutaire qui me dirigera dans la voie du salut; et vous, saint Roland, mon glorieux patron, soutenez-moi dans ces pieuses résolutions; conduisez mes pas sur la route du Ciel. Je me suis égaré quand j'ai voulu me conduire moi-même; je m'égarerai encore et je me perdrai si vous m'abandonnez. Je mets toute ma confiance en vous; empêchez par votre sainte assistance, que je retourne à mes anciens péchés, de peur que ce second état ne me soit plus funeste que le premier; empêchez que je ne reçoive la grâce de Dieu en vain, et achevant votre ouvrage, soutenez-moi au milieu des orages de la mer de ce monde, et facilitez mon abordage au port du salut où je desire être réuni à vous pour l'éternité.

Ainsi soit-il.

NEUVIÈME JOUR.

Sur la dévotion de saint Roland envers la sainte Vierge.

I. Le Seigneur a coutume d'inspirer un tendre amour pour Marie aux âmes qu'il veut enrichir de ses grâces les plus spéciales. Cette faveur, il l'accorda dans sa plénitude au bienheureux Roland. Dès son bas âge, ce saint s'attacha singulièrement à la reine des cieux ; il l'aima constamment pendant qu'il était dans ce monde ; ce fut surtout pendant son séjour à Chézery que son amour pour elle éclata d'une manière spéciale. Les faveurs particulières qu'il en recevait tous les jours avaient tellement excité son amour pour Marie, qu'il ne se lassait point d'en donner sans cesse des marques nouvelles. Nous avons vu dans sa vie tout ce qu'il fit pour établir la ferveur de son culte dans son abbaye qui était sous le patronage de Marie, et dans toute la vallée de Chézery en établissant une chapelle à Confort où la mère de Dieu se plaisait à faire éclater les effets de sa puissance en faveur de ceux qui venaient l'invoquer dans cet humble sanctuaire. Ce pélérinage devint célèbre, et malgré le malheur des temps, des fidèles y vont encore pour gagner les indulgences que le souverain pontife Léon XII, par son bref du 22 novembre 1828, a daigné accorder à ceux qui visiteront cette chapelle aux fêtes de l'Annonciation, de la Nativité, de la Conception, de l'Assomption et tous les samedis de l'année.

II. Marie est notre mère ! La mère de notre roi, de notre sauveur, de notre Dieu est notre mère et nous sommes ses enfans, tout pécheurs, tout misérables que nous sommes !.... Jésus-Christ mourant en croix pour le salut des hommes, nous a laissé sa sainte mère pour être à jamais la nôtre : *Femme,* lui dit-il, *voilà votre fils :* et à Jean : *Voilà votre mère.* Dès lors, Marie a regardé tous les chrétiens comme ses enfans. Marie est donc ma mère, parce que son divin fils nous a communiqué l'auguste qualité de fils de Marie. Elle est ma mère, parce qu'elle nous a donné celui qui est notre véritable vie. Combien de fois n'ai-je pas éprouvé les tendres effets de son affection? que ne puis-je pas encore, que ne dois-je pas espérer par elle? Le cœur de Marie est un vrai trône de grâce et de miséricorde, où les vœux des misérables sont toujours favorablement écoutés. C'est ainsi que Marie a toujours été ma mère et moi me suis-je toujours montré son enfant? quelle reconnaissance ai-je eue pour ses bienfaits? Un enfant est avec raison regardé comme dénaturé, lorsqu'il n'a point d'amour pour celle dont il a reçu un corps sujet à mille maux, et qui dans peu sera la pâture des vers; quels sentimens ne dois-je pas avoir pour une mère, à qui je suis redevable après Dieu, de tous les biens que je possède dans le temps, et de tous ceux que j'espère posséder un jour dans l'éternité!

Regardons Marie comme notre mère, et témoignons lui en cette qualité, l'amour, le respect et l'obéissance qu'une telle mère a le droit d'attendre de nous. Allons souvent l'invoquer dans l'église de Chézery consacrée à Dieu sous son nom, dans la chapelle de Confort où est renfermé un trésor d'indulgence qu'elle mettra à notre disposition.

Saint Roland, je me prosterne à vos pieds; je vous en supplie, au nom de Marie; vous ne me refuserez pas au nom d'une mère qui vous fut si chère: faites que mon cœur n'ait plus d'affection que pour Jésus et pour Marie. Vous pouvez, ô grand saint, m'obtenir des sentimens conformes aux vôtres: que ma vie, formée sur le modèle de la vôtre, soit désormais une vie sainte, qui me prépare à une mort heureuse. Alors, avec confiance, je me présenterai devant le tribunal du souverain juge, pour bénir avec vous le Dieu des miséricordes dans les siècles des siècles.

Ainsi soit-il.

CANTIQUE

EN L'HONNEUR

DE SAINT LAMBERT ET DE SAINT ROLAND.

Illustres Saints, qui, dans les cieux,
Possédez l'éternelle gloire,
Recevez aujourd'hui nos vœux;
Nous célébrons votre victoire
Et les plaisirs toujours nouveaux
Dont Dieu couronne vos travaux.

Dans le sein de la vérité
Vous voyez toute la nature;
Dans le feu de la charité
Vous puisez votre nourriture:
Et la connaissance et l'amour
Comblent vos désirs tour à tour.

Dans sa propre divinité
Dieu trouve son bonheur suprême;
Pour vous cependant sa bonté
Le rend prodigue de lui-même;
Sans réserve il se donne à vous.
Quoi de plus beau! quoi de plus doux!

Pour des travaux courts et légers
Jouir d'un plaisir ineffable;
Vivre sans trouble et sans dangers,
Dans un repos inaltérable;
Toujours content, toujours en paix,
Voilà votre sort à jamais.

Mais tandis qu'à votre bonheur
Le ciel et la terre conspirent,

Percés d'une vive douleur,
Hélas! ici nos cœurs soupirent:
Que notre exil est ennuyeux,
En nous voyant si loin des cieux!

Ah! quand viendra cet heureux jour
Qui doit finir toutes nos peines!
Lassés de ce triste séjour,
Quand verrons-nous briser nos chaînes!
Quand vivrons-nous en liberté,
Au sein de l'immortalité!

Saints protecteurs, secourez-nous,
Soyez sensibles à nos larmes;
Puissions-nous bientôt, avec vous,
Du paradis goûter les charmes;
Et les plaisirs toujours nouveaux
Dont Dieu couronne vos travaux!

CANTIQUE

EN L'HONNEUR

DE SAINT ROLAND.

—

Saint bienheureux, au pied du sanctuaire,
Qu'ont enrichi tes restes précieux,
Nous t'honorons, toi qui fus sur la terre
Le protecteur et l'ange de ces lieux.

A ton oreille elle se fit entendre,
La voix du Ciel appelant ses élus,
Elle guida, dès l'âge le plus tendre,
Ton cœur novice au sentier des vertus.

Elle t'apprit à garder l'innocence,
A mépriser l'éclat trompeur de l'or,
Et plein de foi , d'amour et d'espérance,
A mettre en Dieu ton unique trésor.

Lassé du monde et des grandeurs mortelles,
Dans nos déserts tu cherchas le Seigneur,
Et tu trouvas à l'ombre de ses ailes
La douce paix et le repos du cœur.

Dans nos vallons tout retrace l'histoire
De tes travaux, de tes nombreux bienfaits ;
Des cœurs ici la fidèle mémoire
Chérit ton nom, te bénit à jamais.

O daigne aussi bénir de ton saint temple
Ceux qui vers toi lèvent encor leurs bras :
Quand des vertus tu nous montres l'exemple ,
Tends-nous la main pour soutenir nos pas.

Puissent nos cœurs, détachés de ce monde ,
De ses faux biens et de ses vains plaisirs ,
Trouver en Dieu cette source féconde
Qui guérit l'âme et comble ses désirs !

AUTRE CANTIQUE

EN L'HONNEUR

DE SAINT ROLAND.

—

O vous qui régnez dans la gloire,
Patron auguste de ces lieux,
Nous honorons votre mémoire ,
Nous vous offrons nos humbles vœux.

D'immortels rayons de lumière
Ornent votre front glorieux ;
Peut-on trop louer sur la terre
Ce que Dieu même honore aux cieux ?

Prompt à fuir du siècle et du vice
Les faux et dangereux appas,
Vers les sentiers de la justice
Toujours vous tournâtes vos pas.

Dieu vous donne à nous pour modèle,
Votre exemple est notre leçon ;
Que notre âme toujours fidèle
L'imite en toute occasion.

Sous votre protection sainte,
Sa providence nous a mis ;
Défendez-nous de toute atteinte
De nos perfides ennemis.

Tandis qu'au rang le plus sublime
Vos vertus vous font élever,
Ne souffrez pas que dans l'abîme
Le vice nous fasse tomber.

Pour suivre constamment vos traces
Au chemin de la sainteté,
Sollicitez pour nous les grâces
De l'inépuisable bonté.

Qu'après avoir brûlé de zèle
Ainsi que vous pour le Seigneur,
Un jour dans la gloire éternelle
Nous partagions votre bonheur.

LITANIES

DE SAINT ROLAND.

—

Kyrie, eleison.	Seigneur, ayez pitié de nous.
Christe, eleison.	Christ, ayez pitié de nous.
Kyrie, eleison.	Seigneur, ayez pitié de nous.
Christe, audi nos.	Jésus-Christ, écoutez-nous.
Christe, exaudi nos.	Jésus-Christ, exaucez-nous.
Pater de cœlis Deus, miserere nobis.	Dieu le Père qui êtes aux cieux, ayez pitié de nous.
Fili Redemptor mundi Deus, miserere nobis.	Dieu le Fils, Rédempteur du monde, ayez pitié de nous.
Spiritu Sancte Deus, miserere nobis.	Dieu Saint-Esprit, ayez pitié de nous.
Sancta Trinitas, unus Deus, miserere nobis.	Sainte Trinité, un seul Dieu, ayez pitié de nous.
Sancta Maria, Mater Dei, ora pro nobis.	Sainte Marie, Mère de Dieu, priez pour nous.
Sancte Rolande, ora.	Saint Roland, priez.
Sancte Rolande, deliciarum mundi generose contemptor, ora.	Saint Roland, méprisant généreusement les délices du monde, priez.
Sancte Rolande, beatæ Virginis cliens amantissime, ora.	Saint Roland, serviteur zélé de la bienheureuse Vierge Marie, priez.
Sancte Rolande, latenti in arâ victimæ devotissime, ora.	Saint Roland, très-dévot au Saint-Sacrement de l'autel, priez.
Sancte Rolande, exemplar humilitatis, ora.	Saint Roland, exemple d'humilité, priez.
Sancte Rolande, paupertatis amator, ora.	Saint Roland, amateur de la pauvreté, priez.

Sancte Rolande, in obedien-
tiâ consummate, ora.

Saint Roland, consommé
dans l'obéissance, priez.

Sancte Rolande, orationi
addictissime, ora.

Saint Roland, assidu à la
prière, priez.

Sancte Rolande, animo et
corpore castissime, ora.

Saint Roland, très-chaste de
corps et d'esprit, priez.

Sancte Rolande, patrone et
protector noster, ora.

Saint Roland, notre patron
et notre protecteur, priez.

Sancte Rolande, intercessor
apud Deum potentissime,
ora pro nobis.

Saint Roland, intercesseur
puissant auprès de Dieu,
priez pour nous.

Sancte Rolande, plurimis
inclyte miraculis, ora.

Saint Roland, insigne par
plusieurs miracles, priez.

Sancte Rolande, consolator
afflictorum dulcissime,
ora pro nobis.

Saint Roland, très - doux
consolateur des affligés,
priez pour nous.

Sancte Rolande, ut virtutes
tüas imitemur, intercede
pro nobis.

Saint Roland, afin que nous
imitions vos vertus, in-
tercédez pour nous.

Agnus Dei, qui tollis peccata
mundi, parce nobis, Do-
mine.

Agneau de Dieu, qui effacez
les péchés du monde,
épargnez-nous, Seigneur.

Agnus Dei, qui tollis peccata
mundi, exaudi nos, Do-
mine.

Agneau de Dieu, qui effacez
les péchés du monde,
exaucez-nous, Seigneur.

Agnus Dei, qui tollis peccata
mundi, miserere nobis.

Agneau de Dieu, qui effacez
les péchés du monde, ayez
pitié de nous.

Christe, audi nos.

Christ, écoutez-nous.

Christe, exaudi nos.

Christ, exaucez-nous.

℣. Ora pro nobis, sancte
Rolande ;

Priez pour nous, saint
Roland,

℟. Ut digni efficiamur
promissionibus Christi.

Afin que nous soyons faits
dignes des promesses de J. C.

ORATIO.

Deus, cujus munere beatus Rolandus abbas Christum pauperem sequi, et humilem corde usque in finem perseveravit imitari; da cunctis semitam mandatorum tuorum ingressis, ut nec retrò respiciant, nec in viâ hæreant; sed ad te sine offensione currentes, vitam æternam apprehendant. Per Dominum.

ORAISON.

O Dieu qui avez fait au bienheureux Roland la grâce d'imiter jusqu'à la fin Jésus-Christ dans sa pauvreté et dans son humilité, faites que tous ceux qui marchent dans la voie de vos commandemens ne soient point tentés de regarder en arrière, qu'ils ne s'arrêtent point dans cette route, que, marchant au contraire sans obstacle, ils parviennent à la vie éternelle.